essentials

Dominic Lindner · Paul Niebler ·
Markus Wenzel

Der Weg in die Cloud

Ein Leitfaden für Unternehmer und Entscheider

Springer Gabler

Dominic Lindner
Lehrstuhl für IT-Management
FAU Erlangen-Nürnberg
Nürnberg, Deutschland

Paul Niebler
IBM Deutschland GmbH
Ehningen, Deutschland

Markus Wenzel
OwnCloud GmbH
Nürnberg, Deutschland

ISSN 2197-6708
essentials
ISBN 978-3-658-29100-6
https://doi.org/10.1007/978-3-658-29101-3

ISSN 2197-6716   (electronic)

ISBN 978-3-658-29101-3   (eBook)

Die Deutsche Nationalbibliothek verzeichnet diese Publikation in der Deutschen Nationalbibliografie; detaillierte bibliografische Daten sind im Internet über http://dnb.d-nb.de abrufbar.

Planung/Lektorat: Ann-Kristin Wiegmann

Springer Gabler ist ein Imprint der eingetragenen Gesellschaft Springer Fachmedien Wiesbaden GmbH und ist ein Teil von Springer Nature.
Die Anschrift der Gesellschaft ist: Abraham-Lincoln-Str. 46, 65189 Wiesbaden, Germany

Was Sie in diesem *essential* finden können

- Daten und Fakten zur Nutzung der Cloud
- Chancen und Risiken der Nutzung der Cloud
- Praktische Beispiele zur Nutzung der Cloud
- Ein Leitfaden für den Weg in die Cloud

Vorwort

„Niemand versteht die Cloud! Sie ist ein […] Mysterium!", schreit Jay (Jason Segal) schockiert, als er seiner Frau Annie (Cameron Diaz) im Hollywood-Blockbuster „Sextape" (0:37 h) gesteht, dass sich ein privates Video der beiden mithilfe der Cloud auf zahlreiche Endgeräte von Freunden und Familie verteilt hat.

Im Verlauf des gesamten Films ist die Cloud für das Paar ein geheimnisvolles Ungeheuer, das nicht verstanden werden kann. Ähnlich ist die Situation teilweise in deutschen Unternehmen. Die Cloud kann oft in der gesamten Komplexität und Vielschichtigkeit nur mithilfe von zahlreichen Fachexperten und Consultants in Grundzügen verstanden werden.

Mit dem Ziel, das Verständnis der geheimnisvollen Cloud im Kontext deutscher Unternehmen zu verbessern, haben wir uns entschlossen, dieses *essential* zu schreiben. Wir, das sind auf der einen Seite meine Co-Autoren Paul Niebler, Markus Wenzel und auf der anderen Seite ich, Dominic Lindner. Vorher möchte ich Celine Grunenberg für die Bereitstellung der Abbildung im Vorwort und Katrin Balabasov für die Hilfe beim *essential* danken.

Paul Niebler ist Senior Consultant bei IBM und unterstützt als Berater Kunden bei der Integration und Migration bestehender Infrastrukturen in die Cloud. Paul und ich haben 2016 gemeinsam bei einer Unternehmensberatung gearbeitet und erste Big Data zusammen umgesetzt. Ergebnis war das *essential* „Datenbasiert entscheiden". Ich habe Paul immer als einen sehr guten Berater an der Schnittstelle zwischen Business und IT erlebt.

Markus Wenzel ist Solution Architect beim Unternehmen ownCloud und ebnet täglich Kunden aus verschiedensten Branchen den Weg in die Cloud. Ich arbeite mit Markus seit vielen Jahren zusammen und schätze ihn als einen hervorragenden Experten mit dem Gespür für neue Technologien.

Ich, Dominic Lindner, habe im Bereich des IT-Managements an der FAU Erlangen-Nürnberg promoviert und bin ebenfalls beim Unternehmen ownCloud Head of Customer Success. Ich leite die Bereiche Consulting, Support und Customer Solutions. Täglich stehe ich vor der Herausforderung, Kunden den Weg in die Cloud zu ebenen und bei der Strategiefindung mitzuwirken.

Wir möchten Ihnen in diesem *essential* unsere Erfahrung zum Thema Cloud kompakt darlegen. Das *essential* richtet sich an Dozierende und Studierende der Betriebswirtschaft und Wirtschaftsinformatik sowie Unternehmensberater, Fachexperten und Führungskräfte an der Schnittstelle von Business und IT. Die Inhalte aus diesem *essential* sollen Ihnen dabei helfen, die Cloud nicht mehr wie im Eingangszitat als ein „geheimnisvolles Ungeheuer, das nicht verstanden werden kann", zu sehen.

Dominic Lindner
Paul Niebler
Markus Wenzel

Inhaltsverzeichnis

Einleitung 1

Der Begriff Cloud (dt.: Wolke) beschreibt die Nutzung von IT-Ressourcen über das Internet. Zahlreiche IT-Experten sehen die Cloud als einen der TOP 5 IT-Trends und prophezeien ein außerordentliches Wachstum für Cloud-Anbieter. Das Auslagern von Daten und Anwendungen in die Cloud verspricht viele Vorteile, die sich Unternehmen nicht entgehen lassen wollen. Stellen Sie sich folgende Szenarien vor:

- Sie können IT flexibel skalieren und ändern.
- Sie können 24 h am Tag von jedem Ort mit Internet auf Ihre Daten zugreifen.
- Alle Ihre Mitarbeiter können frei, kreativ und ihren Nutzungsgewohnheiten entsprechend arbeiten.
- Sie müssen IT nicht mehr betreiben, weil Sie einfach funktioniert.

Diese Szenarien klingen verlockend und können Unternehmen einen echten Marktvorteil verschaffen. Die Möglichkeit, mithilfe von IT agil, flexibel und ebenso effizient arbeiten zu können wie Startups, ist im aktuellen digitalen Zeitalter mehr als wünschenswert für Unternehmen (vgl. Lindner 2019).

Im Zuge einer jährlichen Erhebung (Cloud-Monitor) hat die Bitkom zwischen 2016 und 2018 über 500 Unternehmen zur Nutzung von Cloud-Technologien befragt. Im Folgenden möchten wir auf vier konkrete Aspekte der Nutzung von Cloud-Technologien näher eingehen:

- **Anzahl der Nutzung:** Mehr als 70 % der befragten Unternehmen nutzen aktiv Cloud-Technologien.
- **Art der Nutzung:** Die befragten Unternehmen nutzen Cloud-Technologien vermehrt zur Digitalisierung interner Prozesse, neuer Vertriebskanäle und Trendthemen wie Industrie 4.0.

© Springer Fachmedien Wiesbaden GmbH, ein Teil von Springer Nature 2020   1
D. Lindner et al., *Der Weg in die Cloud,* essentials,
https://doi.org/10.1007/978-3-658-29101-3_1

- **Positive Auswirkungen der Nutzung:** Die meist genannten positiven Auswirkungen der befragten Unternehmen sind eine schnelle Skalierung der IT, geografische Zusammenarbeit, Performance der IT und organisatorische Flexibilität.
- **Negative Auswirkungen der Nutzung:** Die meist genannten negativen Auswirkungen der befragten Unternehmen sind Datenschutz, Ausfälle und IT-Kosten.

1.1 Anzahl der Nutzung von Cloud-Technologien

Mit Blick auf die Studienergebnisse wird deutlich, dass mehr als 70 % der befragten Unternehmen mittweile Cloud-Technologien erproben oder aktiv nutzen. Die Entwicklung ist im Vergleich der letzten Jahre steigend. Es zeigt sich ergänzend dazu eine deutliche Abnahme von Unternehmern, welche die Nutzung von Cloud-Technologien eindeutig ausschließen. Es scheint, dass Unternehmen trotz der Risiken und Bedenken die möglichen Chancen nutzen möchten und offen für Cloud-Technologien sind. Die Abb. 1.1 zeigt die Statistik visualisiert.

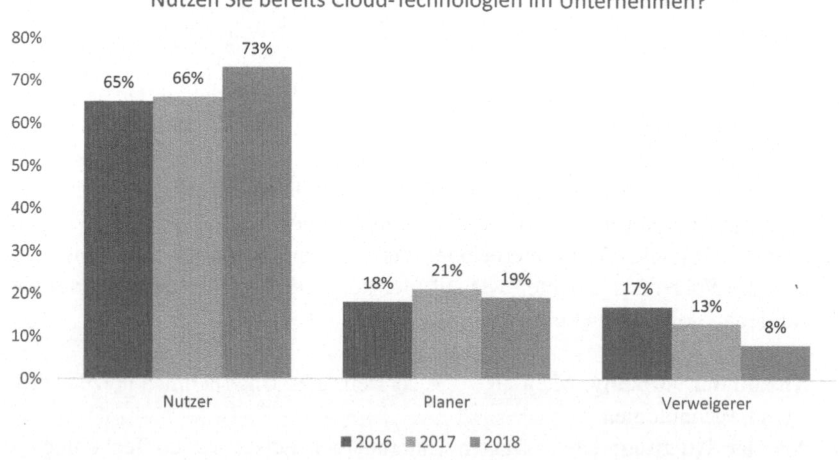

Abb. 1.1 Befragung von 500 Unternehmen im Zuge des Cloud Monitors der Bitkom (Bitkom 2019) – eigene Abbildung abgeleitet aus der Studie

1.2   Art der Nutzung von Cloud-Technologien

Wir wissen nun, dass mehr als 70 % befragten Unternehmen Cloud-Technologien nutzen, doch es bleibt die Frage offen, was Unternehmen mit Technologien rund um die Cloud genau tun. Die wichtigsten Ergebnisse der Studie sind:

- Der erste Punkt ist die Digitalisierung von internen Prozessen und Abläufen im Unternehmen.
- Der zweite Punkt ist die Entwicklung neuer Geschäftsmodelle und Erweiterung des aktuellen Geschäfts durch z. B. neue Verkaufskanäle wie Onlineshops.
- Der dritte Punkt ist die Nutzung von Cloud-Technologien zur Erprobung von Trendthemen wie Industrie 4.0 und Big-Data-Szenarien.

Ein wichtiger Faktor zur erfolgreichen Umsetzung der genannten Punkte ist die Speicherung von kritischen Daten in der Cloud, die z. B. für intelligente Prognosen ausgewertet werden können (vgl. Niebler und Lindner 2019). Die Abb. 1.2 zeigt die Art der Daten, die Unternehmen in der Cloud speichern. Mit Blick auf das

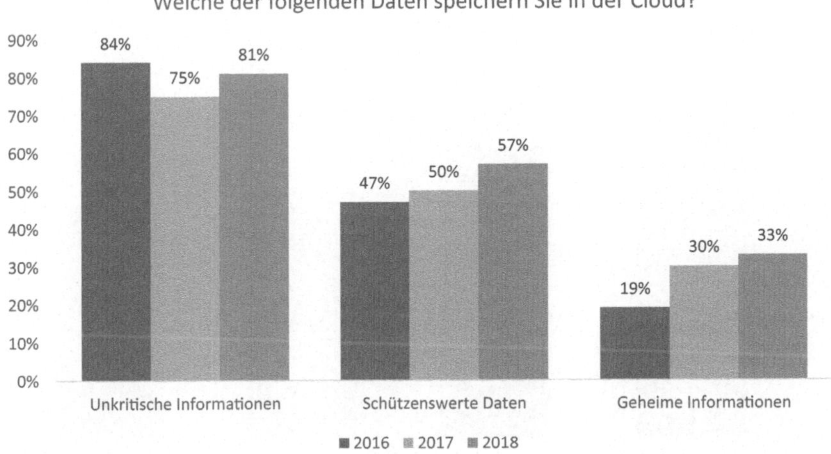

Abb. 1.2 Befragung von 500 Unternehmen im Zuge des Cloud Monitors der Bitkom (2019) – eigene Abbildung abgeleitet aus der Studie

Diagramm wird deutlich, dass immer mehr schützenswerte (z. B. Kundendaten) und geheime Informationen (z. B. Unternehmensstrategie) in die Cloud geladen werden. Mit Zunahme dieser Daten steigen auch die Möglichkeiten der Nutzung von Cloud-Technologien.

1.3   Positive Auswirkungen der Nutzung von Cloud-Technologien

Aus der Nutzung von Cloud-Technologien resultieren in den Unternehmen der befragten Entscheider positive Auswirkungen. Die Befragung zeigte deutlich, dass vor allem vier Vorteile deutlich zugenommen haben. Die Abb. 1.3 zeigt die positiven Aspekte visualisiert auf.

Die erste Auswirkung ist, dass durch flexible und mietbare Systeme die interne IT schneller verändert werden kann. So können Systeme einfach ohne Mehrkosten ausgetauscht und neue Technologien kostengünstig ausprobiert werden. Mehr als 80 % der befragten Unternehmen gaben diese Auswirkungen als zutreffend an.

Eine weitere Auswirkung ist, dass bei z. B. browserbasierter Software ein besserer Zugriff auf Daten von verteilten Standorten möglich ist. Die bessere

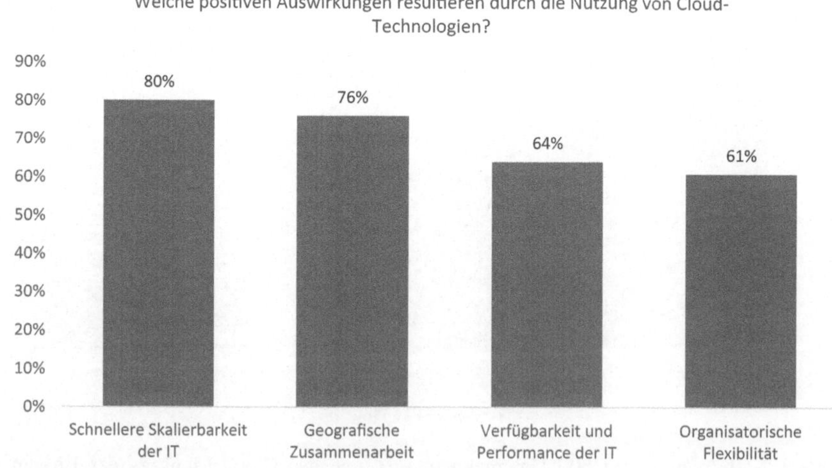

Abb. 1.3 Befragung von 500 Unternehmen im Zuge des Cloud Monitors der Bitkom (Bitkom 2019) – eigene Abbildung abgeleitet aus der Studie

Zusammenarbeit bei verteilten Standorten fördert die Effizienz in der täglichen Arbeit und spart Kosten. Mehr als 75 % der befragten Unternehmen gaben diese Auswirkungen als zutreffend an.

Auch bemerken die Unternehmen eine Steigerung der Performance von IT, die ebenfalls die Effizienz im Arbeitsalltag und natürlich die Zufriedenheit von Kunden steigert. Mehr als 60 % der befragten Unternehmen gaben diese Auswirkungen als zutreffend an.

Eine letzte wichtige Auswirkung ist die Steigerung von Flexibilität in der Organisation. Durch flexible Wechsel von Arbeitsplatz-IT und IT im Allgemeinen können Änderungen im Unternehmen schneller umgesetzt werden, und auch der Betrieb verschiedener Hard- und Software individuell auf die Mitarbeitenden abgestimmt ist kein Problem. Mehr als 60 % der befragten Unternehmen gaben diese Auswirkungen als zutreffend an.

1.4 Negative Auswirkungen der Nutzung von Cloud-Technologien

Der letzte Aspekt der Befragung sind die möglichen negativen Auswirkungen, die aus der Nutzung von Cloud-Technologien resultieren. Die Unternehmer haben in der Befragung verschiedene Risiken bewertet. Die drei wichtigsten sind:

- Ausfälle der IT
- Datenschutzvorfälle in den Unternehmen
- Anstieg der IT-Kosten

Auf der einen Seite können sich Ausfälle der IT schwerwiegend auf Unternehmen auswirken und die Arbeit sogar kurzzeitig völlig verhindern. Es gilt deswegen die Abhängigkeit von Cloud-Technologie zu reduzieren bzw. gewisse Notfallpläne zu entwickeln. Mehr als 40 % der befragten Unternehmen beklagten einen signifikanten Ausfall der IT in den letzten 12 Monaten.

Ein zweiter Aspekt sind Vorfälle durch den Missbrauch von Daten oder Cyberangriffe. Dies kann massive Strafzahlungen und den Vertrauensverlust von Kunden nach sich ziehen. Bereits über ein Drittel der befragten Unternehmen beklagte einen solchen Vorfall in den letzten 12 Monaten. Es gilt deswegen durch Audits und IT-Sicherheitskonzepte die Daten sicher zu speichern.

Ein dritter Aspekt ist der Anstieg der IT-Kosten. Natürlich wurden im Vorfeld gewisse Budgets freigegeben, allerdings beklagen mehr als ein Drittel der Befragten, dass diese Budgets signifikant überschritten worden sind. Es gilt

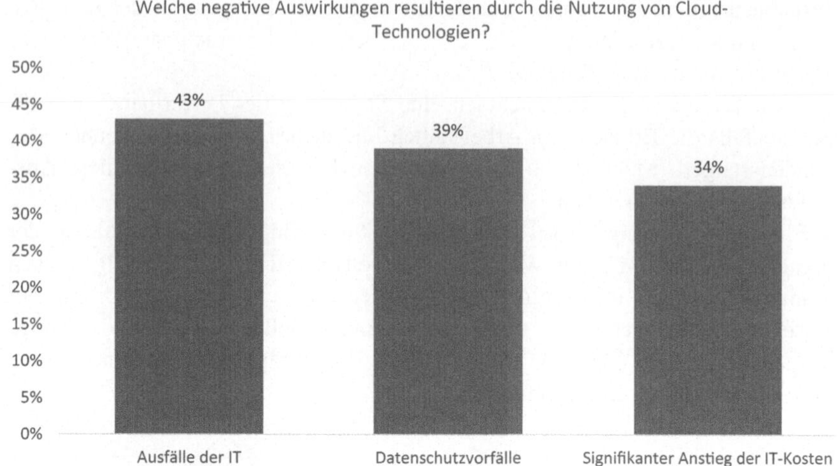

Abb. 1.4 Befragung von 500 Unternehmen im Zuge des Cloud Monitors der Bitkom (2019) – eigene Abbildung abgeleitet aus der Studie

deswegen das Kosten-Nutzen-Verhältnis der Anschaffung von Cloud-Technologien genau zu planen. Die Abb. 1.4 zeigt die negativen Auswirkungen visualisiert auf.

1.5 Fazit der Nutzung von Cloud-Technologien

Die untersuchten Statistiken zeigen, dass mehr als 70 % der befragten Unternehmen aktiv Cloud-Technologien nutzen und die befragten Unternehmen Cloud-Technologien vermehrt zur Digitalisierung interner Prozesse, neuer Vertriebskanäle und für Trendthemen wie Industrie 4.0 verwenden. Positive Auswirkungen der Nutzen sind eine schnelle Skalierung der IT, geografische Zusammenarbeit, Performance der IT und organisatorische Flexibilität. Die meist genannten negativen Auswirkungen der befragten Unternehmen sind Datenschutz, Ausfälle und IT-Kosten.

Grundlagen zu Cloud-Technologien 2

Bereits in den Jahren um 1990 finden sich erste Überlegungen, dass eine flexible Nutzung von Computern über das Internet möglich sein könnte. Nach der Jahrtausendwende experimentierten neben der Wissenschaft auch große Unternehmen wie Amazon, Google, Oracle, IBM und Yahoo mit der Vision der Nutzung von gebündelten Computern über das Internet. Motivation war, dass die Unternehmen auf die ständig steigende Nutzerbasis und Spitzenzeiten wie z. B. Weihnachten bei Amazon reagieren wollten. Mittlerweile kennen wir diese Bemühungen als Cloud-Technologien, die stetig weiterentwickelt werden und schon lange Einzug in andere Unternehmen und Privathaushalte finden. Dieses Kapitel erläutert den Begriff sowie die Service- und Liefermodelle von Cloud-Technologien.

2.1 Erklärung des Begriffs Cloud-Technologien

Der Begriff Cloud (dt.: Wolke) ist in diesem *essential* definiert als die Nutzung von spezieller IT-Infrastruktur, um IT-Ressourcen über das Internet dynamisch zur Verfügung zu stellen und die Nutzung nach flexiblen Bezahlmodellen abzurechnen (vgl. Hentschel und Leyh 2016).

▶ **Cloud in einfachen Worten** Der Begriff beinhaltet das Zusammenspiel von mehreren Servern über das Internet. Alle Server teilen sich Aufgaben untereinander auf. Fällt ein Server aus, dann übernimmt ein anderer Server. Der Cloud-Nutzer hat damit keinen Überblick über die einzelnen Server. Seine Daten oder Applikation laufen irgendwie (wolkig) in der Cloud.

© Springer Fachmedien Wiesbaden GmbH, ein Teil von Springer Nature 2020
D. Lindner et al., *Der Weg in die Cloud*, essentials,
https://doi.org/10.1007/978-3-658-29101-3_2

Das US-amerikanische National Institut of Standards and Technology (NIST, NIST 2019) hat 2012 eine Charakterisierung des Begriffs Cloud veröffentlicht, die immer mehr zu einer allgemeinen Definition wird. Folgende fünf Charakteristika sollte eine Cloud-Technologie haben:

- **On-demand self service:** Der Nutzer kann jederzeit auf Cloud-Ressourcen über das Internet zugreifen.
- **Broad network access:** Die Nutzer können mithilfe des Internets in Kombination mit bekannten mobilen Endgeräten wie Smartphones, Computer oder Tablets auf die Cloud zugreifen.
- **Resource pooling:** Die Leistung der Server wird dem Nutzer gebündelt zur Verfügung gestellt, sodass der Nutzer keinen Einfluss auf einzelne Server hat.
- **Rapid elasticity:** Der Speicherplatz und die Leistung der Cloud können nahezu unendlich angepasst werden.
- **Measured service:** Die Optimierung und Überwachung der Server wird durch die Cloud vorgenommen.

2.2   Servicemodelle von Cloud-Technologien

In der Praxis wird zwischen drei verschiedenen Servicemodelle unterschieden, die teilweise ineinander übergehen. Ein Servicemodell ist eine übersichtsartige Beschreibung eines Services sowie der Komponenten, die zur Serviceerbringung notwendig sind. Die Servicemodelle sind:

- Software as a Service (SaaS),
- Platform as a Service (PaaS) und
- Infrastructure as a Service (IaaS).

Seit 2010 sind alle drei Servicemodelle stark am Wachsen. Während 2010 weitgehend nur Software as a Service Anwendungen signifikante Umsätze erreichte, sind nun auch Servicemodelle wie Infrastructure as a Service sowie Platform as a Service lukrative Märkte. Abb. 2.1 zeigt die Umsatzentwicklung der drei Servicemodelle auf.

Im Folgenden soll näher auf die einzelnen Servicemodelle eingegangen werden. Die Abb. 2.2 fasst alle Servicemodelle zusammen.

Das erste Servicemodell ist **Software as a Service (SaaS).** Das Servicemodell ist für die meisten End-User die bekannteste Variante und viele von uns nutzen es bereits, teilweise sogar ohne es zu wissen. Die Funktionsweise ist einfach: Für

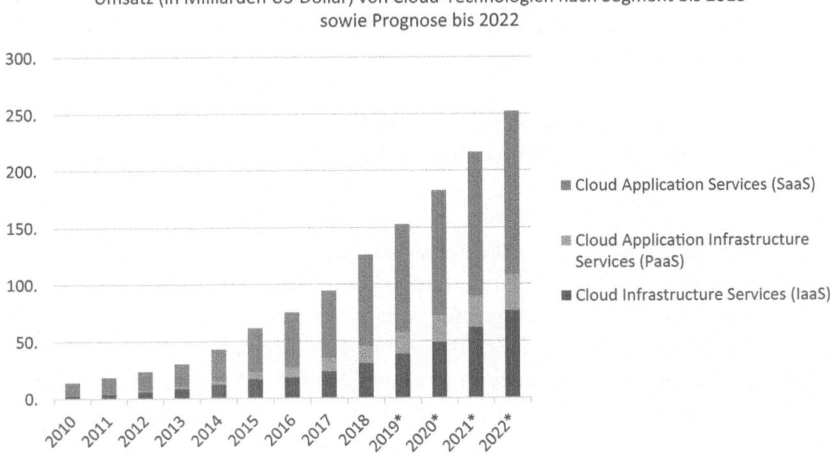

Abb. 2.1   Umsatz von Cloud-Technologien nach Segment (Gartner 2019)

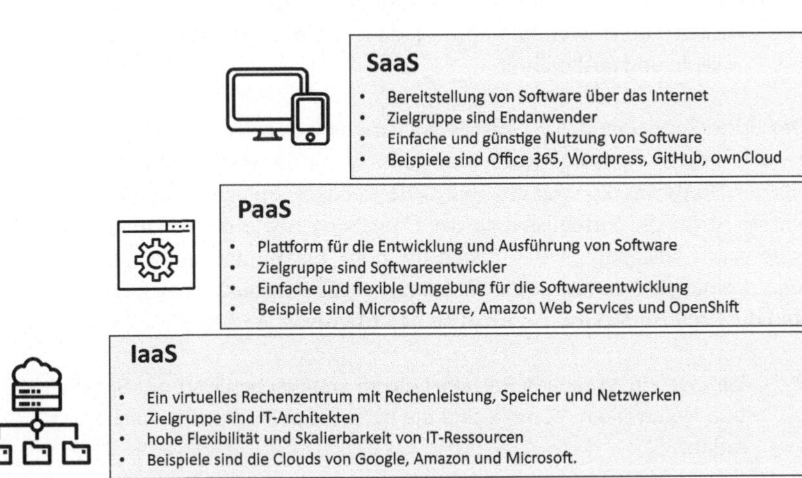

Abb. 2.2   Servicemodelle von Cloud-Technologien

einen monatlichen Fixpreis gibt es eine Software zur Verfügung gestellt, die über
das Internet, z. B. einen Internetbrowser, genutzt werden kann. Der Nutzer hat
nur beschränkt Einfluss auf die Software bzw. darf diese oftmals lediglich nutzen,

muss sich allerdings nicht um Updates oder Einstellungen kümmern. Bekannte Beispiele von SaaS sind Microsoft Office 365, Wordpress.com, GitHub, ownCloud online und Mailchimp.

> ► SaaS sind browserbasierte Softwareanwendungen, die oftmals kostengünstig sind und ohne IT-Kenntnisse von jedem Ort und zu jeder Zeit verwendet werden können.

Das zweite Servicemodell ist **Plattform as a Service (PaaS).** Durch PaaS kann eine komplette Umgebung gekauft werden. Der Nutzer erhält Zugriff auf eine fertig eingerichtete Softwareumgebung, die es erlaubt, eigene Software auszuführen. Mit PaaS entwickeln Softwareentwickler beispielsweise eigene Softwareanwendungen oder testen sie in der bereitgestellten Umgebung. Der Vorteil gegenüber einer eigenen Softwareumgebung ist die Flexibilität für verschiedene Programmiersprachen und nahezu unendliche Rechenleistung. Bekannte Beispiele von PaaS sind Microsoft Azure, Amazon Web Services und OpenShift.

> ► PaaS bietet eine flexibel erweiterbare Plattform für Softwareentwickler, um Anwendungen an jedem Ort und zu jeder Zeit zu entwickeln und auszuführen.

Das dritte Servicemodell ist **Infrastructure as a Service (IaaS).** Hierbei handelt es sich um ein virtuelles Rechenzentrum. Es ist die erste Alternative zum Kauf eigener Hardware, konkret also: virtuelle Rechner, Speicher und Netzwerke. Der Nutzer ist für die Virtualisierung der Umgebung sowie die Installation von Software selbst zuständig. Vorteile sind die hohe Flexibilität und Skalierbarkeit bis hin zu einer fast grenzenlosen Nutzung von IT-Ressourcen. Bekannte Beispiele sind die Clouds von Google, Amazon und Microsoft.

> ► IaaS ist ein virtuelles Rechenzentrum mit Rechenleistung, Speicher und Netzwerken. Vorteile sind die hohe Flexibilität und einfache Migration.

2.3   Liefermodelle von Cloud-Technologien

Weiterhin gibt es für das Cloud Computing sogenannte Liefermodelle. Ein Liefermodell ist eine übersichtsartige Beschreibung der Art und Weise der Serviceerbringung. Jedes der genannten Servicemodelle (SaaS, PaaS und IaaS) kann über beliebige Liefermodelle bereitgestellt werden. Die wichtigsten Service-modelle sind:

- Public Cloud
- Private Cloud
- Mischformen (z. B. Hybrid-Cloud)

Die Abb. 2.3 zeigt die Nutzung von Public und Private Clouds in Unternehmen auf und gibt einen Eindruck über die Verbreitung und Wichtigkeit der beiden Liefermodelle. Im Folgenden werden die Liefermodelle näher erläutert.

Eine **Public Cloud** ist die öffentliche Cloud eines beliebigen Anbieters. Sie kann sich von einer SaaS-Anwendung wie Google Docs oder Microsoft Office 365 bis hin zur IaaS-Lösung durch die Clouds von Google, Amazon oder Microsoft erstrecken. Ein Vorteil der Public Cloud ist, dass sie sich besonders schnell bedarfsgerecht einrichten lässt, dafür gilt sie aber aufgrund der Rechtslage in einigen Ländern als unsicher.

Aus Gründen von Datenschutz und IT-Sicherheit entscheiden sich Unternehmen in einigen Fällen, ihre eigene Cloud zu betreiben ausschließlich eigenen Mitarbeitern zugänglich zu machen. Bei einer solchen **Private Cloud** handelt es sich oft um unternehmensspezifische Software, eine Plattform oder ein Intranet.

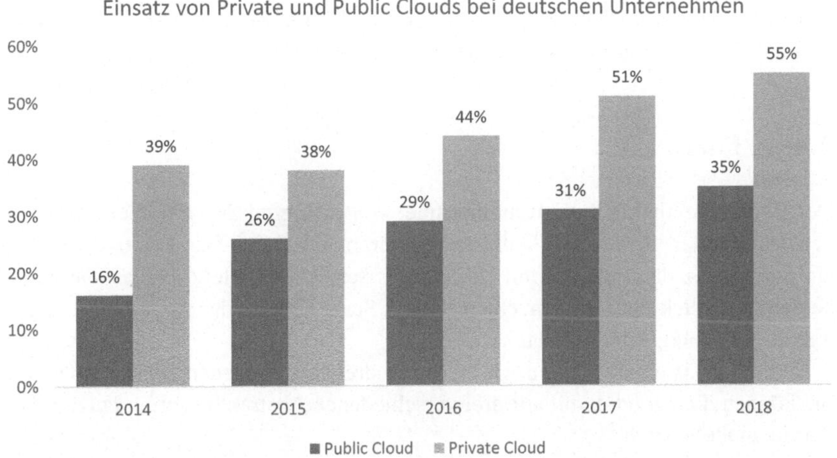

Abb. 2.3 Befragung von 500 Unternehmen im Zuge des Cloud Monitors der Bitkom (2019) – eigene Abbildung abgeleitet aus der Studie

▶ Eine Public Cloud kann besonders schnell bedarfsgerecht eingerichtet und genutzt werden. Allerdings ist eine vollumfängliche Transparenz über Datenschutz und IT-Sicherheit nur bei einer eigenen Private Cloud möglich.

Eine Lösung kann das Konzept der **Hybrid-Cloud sein.** Die Hybrid-Cloud ist eine Mischform aus Private und Public Cloud, die bestimmte Services bei öffentlichen Anbietern über das Internet und datenschutzkritische Anwendungen und Daten in der eigenen Cloud betreibt.

Beispiel der Nutzung einer Hybrid-Cloud

Ein Unternehmen speichert Kunden- und Strategiedaten innerhalb einer eigenen Cloud. Dazu wurden eigene Server gekauft, die durch internes IT-Personal verwaltet werden. Da die Anschaffung von eigenen Servern sehr teuer ist und deswegen nur geringe Kapazitäten verfügbar sind, werden nicht-schützenswerte Daten (z. B. Broschüren, Unternehmenspräsentationen …) in der günstigen Public Cloud eines regionalen deutschen Anbieters gespeichert.

Eine **Community Cloud** sind Infrastrukturen, die von mehreren Unternehmen, z. B. Zulieferern, beispielsweise im Kontext eines Projekts gemeinsam betrieben werden, wobei bestimmte Dienste geteilt werden. Beispielsweise können sich drei Zulieferer für die Umsetzung eines Projekts für den gleichen Endkunden IT-Infrastruktur und Fachkräfte teilen. In der Cloud werden anschließend ausschließlich gemeinsam genutzte Daten gespeichert.

2.4 Fazit

Der Begriff beinhaltet das Zusammenspiel von mehreren Servern über das Internet. Dazu teilen Server sich Aufgaben untereinander auf. Das Positive ist: fällt ein Server aus, dann übernimmt ein anderer Server. Der Cloud-Nutzer hat damit keinen Überblick über die einzelnen Server. Seine Daten oder Applikation laufen irgendwie (wolkig) in der Cloud.

In der Praxis unterscheiden wir zwischen drei verschiedenen Servicemodellen. Sie können die Cloud damit auf drei verschiedenen Abstraktionsarten nutzen. Die Servicemodelle sind:

- Software as a Service (SaaS),
- Platform as a Service (PaaS) und
- Infrastructure as a Service (IaaS).

Die drei genannten Servicemodelle (SaaS, PaaS und IaaS) können grob über drei Liefermodelle durch den Cloud-Anbieter bereitgestellt werden. Die wichtigsten Servicemodelle sind:

- Public Cloud
- Private Cloud
- Mischformen (z. B. Hybrid-Cloud)

Wie sich eine solche Kombination in der Praxis genau ausgestalten kann, werden wir in Kap. 4 noch genauer erklären und praktische Beispiele geben.

Chancen und Risiken der Nutzung von Cloud-Technologien

3

Die Nutzung von Cloud-Technologien wird in Unternehmen umfangreich diskutiert und bringt zahlreiche Chancen und Risiken mit sich. Dieses Kapitel wird auf beide Dimensionen eingehen und Beispiele geben. Die Abb. 3.1 zeigt zusammenfassend die Chancen und Risiken der Nutzung von Cloud-Technologien auf.

3.1 Chancen der Nutzung von Cloud-Technologien

Bereits 2016 haben Liu und Uzunidis (Liu und Uzunidis 2016) über 180 kleine Unternehmen in China zu Chancen der Nutzung von Cloud-Technologien befragt. Die wichtigsten Ergebnisse sind eine höhere Flexibilität in der Skalierung von IT sowie auch die schnellere Reaktion auf Veränderungen in der IT-Organisation. Dies wird bedingt durch mietbare Cloud-Plattformen, die einerseits ausgetauscht werden können und andererseits mit verschiedenen Systemen und Programmiersprachen (Java, Ruby, Python …) kompatibel sind.

Beispiel: Skalierung und Flexibilität durch Cloud-Technologien
Ein IT-Dienstleister entwickelt Individualsoftware für seine Kunden. Aufgrund verschiedener Branchen und Anforderungen muss das Unternehmen auf verschiedenen Plattformen Software mit unterschiedlichen Programmiersprachen entwickeln. Die dauerhafte Anschaffung neuer IT ist zu teuer. Durch Cloud-Anbieter können IT-Ressourcen flexibel gemietet und verändert werden.

Ergänzend zu der Studie untersuchen Yu et al. (2018) über 100 chinesische Dienstleister (KMU) mit Fokus auf wissensintensiven Dienstleistungen (z. B. Büroarbeit, Softwareentwicklung oder Consulting). Wichtigstes Ergebnis ist, dass

© Springer Fachmedien Wiesbaden GmbH, ein Teil von Springer Nature 2020 15
D. Lindner et al., *Der Weg in die Cloud*, essentials,
https://doi.org/10.1007/978-3-658-29101-3_3

Abb. 3.1 Chancen und Risiken der Nutzung von Cloud-Technologien in Unternehmen

speziell die verteilte Arbeit an verschiedenen Standorten bzw. an wechselnden Orten wie Homeoffice oder Kundenstandorten deutlich effizienter durchgeführt werden kann.

Beispiel: Effiziente verteilte Zusammenarbeit durch von Cloud-Technologien

Ein Versicherungsunternehmen aus Deutschland erlaubt Mitarbeitern flexibel im Büro, im Homeoffice und beim Kunden zu arbeiten. Neben der höheren Mitarbeiterzufriedenheit bemerkt das Unternehmen auch eine effiziente Zusammenarbeit. Einerseits kann ein Versicherungsmakler vor Ort beim Kunden immer aktuelle Broschüren und Daten zeigen und andererseits können Innendienstmitarbeiter Bestellungen direkt nach Annahme des Kunden verarbeiten. Neben einer hohen Freiheit der Mitarbeiter sind die Prozesse ebenfalls schnell und effizient. Realisiert wird die Zusammenarbeit durch eine Cloud-Software mit Dateisystem, Videotelefonie und einen Bestellsystem.

Ein weiteres Beispiel findet sich in einer umfangreichen Literaturstudie von über 4000 Studien durch Lindner und Leyh (Lindner und Leyh 2019). Es wird deutlich, dass durch Cloud-Technologien die Kosten und der Aufwand von IT-Administration verringert werden können. Auf der einen Seite können vertrauenswürdige Cloud-Anbieter die Wartung übernehmen (Reduzierung des Aufwands) und andererseits durch Automatisierung IT effizienter verwaltet oder Prozesse optimiert werden (Reduzierung von Kosten).

> **Beispiel: Kostenreduzierung durch Cloud-Technologien**
>
> Ein kleines Produktionsunternehmen, das für große Kunden Schrauben und Stahlteile produziert, hat viele Daten, die über zwei Fabrikstandorte verteilt verfügbar sein sollen. Die Anschaffung eines Rechners zur Speicherung ist zu teuer und es fehlt der Know-how-Träger im Unternehmen. Es wird deswegen eine Cloud über einen vertrauenswürdigen Anbieter aus Deutschland zum Speichern der Daten genutzt.

3.2 Risiken der Nutzung von Cloud-Technologien

Auch die Risiken der Nutzung von Cloud-Technologien werden umfangreich untersucht. Beispielsweise untersuchten Priyadarshinee et al. (Priyadarshinee et al. 2017) die Cloud-Beispiele von 110 Dienstleistern in Indien und merken, dass Kunden aus Europa Bedenken aufgrund der Einhaltung des Datenschutzes haben. Auf der einen Seite können Daten über das Internet durch Cyberangriffe Dritten zugänglich werden und auf der anderen Seite kann die Umsetzung von Datenschutz beim Cloud-Anbieter durch den Endkunden oft nur unzureichend geprüft werden.

> **Beispiel: Missbrauch von Daten durch Cloud-Technologien**
>
> Ein Bauunternehmen aus Deutschland besitzt eine interne Cloud zur Sicherung von Kundendaten und der Auswertung durch ein Customer-Relationship-Management (CRM)-System. Das System wird durch einen Dienstleister in Indien betrieben und eines Tages werden durch einen Cyberangriff bedingt durch eine Sicherheitslücke sensible und schützenswerte Kundendaten vom Server gestohlen. Zwar basiert der Fehler auf einem fehlgeschlagenen Update des Anbieters, allerdings verliert auch der Endkunde Reputation bei seinem Kunden.

Eine weitere Untersuchung von über 500 Unternehmen durch die Bitkom (2019) zeigt, dass über ein Drittel der Unternehmen in den letzten 12 Monaten einen Ausfall der eigenen Cloud-Technologien hatte. Die Folge sind Stillstand von Maschinen und eingeschränkte Effizienz der Büroarbeitsplätze, was zu Umsatzverlust führt.

Beispiel: Konsequenzen eines Ausfalls der Cloud-Technologien

Eine Anwaltskanzlei aus dem ländlichen Raum bietet den Anwälten neben Homeoffice auch mobile Arbeit von unterwegs sowie vor Ort beim Kunden. Durch einen Ausfall der Cloud-Systeme können plötzlich Mitarbeiter aus dem Homeoffice nicht mehr auf Dokumente zugreifen und sind damit nicht mehr arbeitsfähig. Auch sind die Anwälte z. B. im Gerichtssaal nicht mehr in der Lage, Beweise und Akten einzusehen.

Eine weitere Untersuchung ist von Ooi et al. (Ooi et al. 2018). Die Autoren untersuchen aktuelle Fallbeispiele bei Produktionsunternehmen in Malaysia. Die Befragung von knapp 200 Unternehmen zeigt, dass nicht alle Investitionen in Cloud-Technologien den gewünschten Nutzen bringen und sich langfristig lohnen. Die Folge sind hohe Kosten und der Verlust des Budgets des Unternehmens. Gründe für das Scheitern sind oft u. a. unerwartete Komplexität, Ablehnung der Mitarbeiter oder Nutzlosigkeit der Lösung für den End-User.

Beispiel: Hohe Kosten und Fehlinvestitionen durch Cloud-Technologien

Ein Produktionsunternehmen aus Deutschland hat in den letzten 12 Monaten in Cloud-Technologien zur Umsetzung von Szenarien der Industrie 4.0 investiert. Mithilfe einer App sollten Berichte generiert und durch intelligente Prognosen Wartungsarbeiten an Maschinen und Produktionsengpässe vorausgesagt werden. Leider war die Cloud-Lösung nicht kompatibel mit den Maschinen des Unternehmens und es mussten teure Anpassungen vorgenommen werden, die zusätzlich die Auswertungen beeinträchtigten und damit die Qualität der Prognosen so stark minderten, dass sie den Entscheidern keinen Wert lieferten.

3.3 Fazit

Die Nutzung von Cloud-Technologien bringt zahlreiche Vor- und Nachteile mit sich. In diesem Kapitel sind wir auf die wichtigsten eingegangen. Die wichtigsten Vorteile sind:

- Skalierung und Flexibilität der IT
- verteilte Zusammenarbeit von Teams
- effiziente Kosten- und Nutzenverteilung

Jedoch gibt es auch mögliche Nachteile in der Nutzung von Cloud-Technologien, die in der Strategiefindung berücksichtigt werden sollten. Die wichtigsten sind:

- Datenmissbrauch
- Ausfälle
- hohe Kosten

Es gilt nun in der Strategiefindung die Vorteile der Cloud effizient zu nutzen und mögliche Nachteile durch Gegenmaßnahmen zu reduzieren.

Der Weg in die Cloud 4

Im Hauptteil erläutern wir die verschiedenen Cloud-Modelle (IaaS, PaaS und SaaS) genauer und veranschaulichen diese mit Beispielen. Abb. 4.1 zeigt die unterschiedlichen Abstraktionsgrade.

Bei der Nutzung von eigenen Servern (On Premise) besteht der höchste Verwaltungsaufwand. Aus diesem Grund gibt es die Modelle rund um IaaS, PaaS und SaaS, welche die Umgebung stärker abstrahieren und Verantwortung für Ihre IT auslagern. Bei eigenen Servern müssen Sie sich um alle Belange selbst kümmern, während Sie bei IaaS virtuelle Server anmieten und damit nur die Umgebung sowie Daten und Applikationen selbst verwalten. Bei PaaS kümmern Sie sich nur noch um die Daten sowie Ihre Applikation (z. B. Softwareentwicklung) und bei SaaS erhalten Sie eine Software, die Sie direkt nutzen können.

Wir konzentrieren uns im Folgenden auf IaaS, PaaS und SaaS. Sollten sie mehr zu On-Premise-Infrastrukturen wissen wollen, finden Sie in der Praxis bereits zahlreiche Bücher und Blogartikel. Es gilt bei On Premise die richtigen Server von u. a. Intel, Dell oder IBM zu kaufen und diese entsprechend einzurichten.

On-Premise-Beispiel aus unserem Privatleben

Wir betreiben zu Hause eine eigene Cloud. Dazu haben wir einen Raspberry mit 2 Festplatten verknüpft und mithilfe von Open-Source-Software (ownCloud) das Speichern und Abrufen von Dateien über das Internet ermöglicht. Auch bei der Erstellung dieses essentials haben wir über diese Cloud zusammengearbeitet.

© Springer Fachmedien Wiesbaden GmbH, ein Teil von Springer Nature 2020   21
D. Lindner et al., *Der Weg in die Cloud*, essentials,
https://doi.org/10.1007/978-3-658-29101-3_4

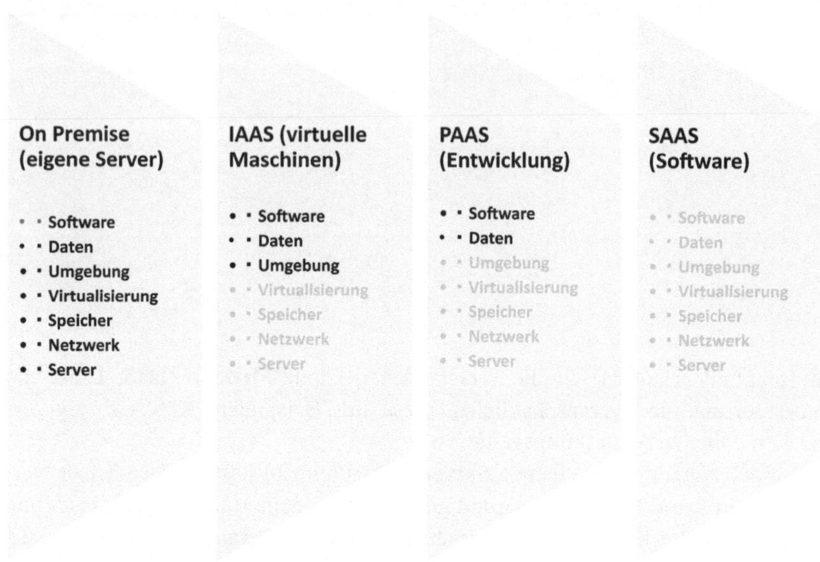

Abb. 4.1 IaaS, PaaS und SaaS

4.1   Infrastructure as a Service – IaaS

Grundlegend bedeutet IaaS, dass man, bis auf die zugrunde liegende physikalische Infrastruktur, die Umgebung selbst verwaltet. Bei IaaS werden Ressourcen mit anderen geteilt, wodurch Kostenvorteile entsteht. Dies geschieht durch die Virtualisierung der Hardware. Bei IaaS werden mehrere Server in einem Verbund in einem Rechenzentrum bereitgestellt, die zusammen eine Cloud bilden. Die damit verbundenen Ressourcen werden dann aufgeteilt und in kleineren Paketen bereitgestellt. Dies Pakete enthalten unter anderem folgende Komponenten:

- **Virtuelle CPUs:** Virtuelle CPUs unterscheiden sich von realen CPUs dahingehend, dass keine dedizierten CPUs für einen Kunden bereitgestellt werden, sondern die Berechnungen auf gerade „freien" Kernen ausgeführt werden.
- **Speicher** (engl.: Storage): Typischerweise gibt es die Wahl zwischen HDD (optimiert für niedrige Kosten und wenige Zugriffe) und SSD (optimiert für schnelle und viele Zugriffe).

- **Netzwerk:** Es können eigene Netze erzeugt werden sowie eingehende und ausgehende Firewall Regeln definiert werden.
- **Betriebssystem** (engl. Operating System – OS): Meist hat man die Wahl zwischen Linux und Windows Server. Linux (u. a. CentOS, Ubuntu und Debian) ist am weitesten verbreitet.

Vor- und Nachteile

Von allen Cloud-Modellen bietet IaaS die größtmögliche Flexibilität. Es wird eine VM und ein Betriebssystem bereitgestellt. Die gesamte Umgebung kann jederzeit angepasst werden und es sind flexible und individuelle Anforderungen umsetzbar.

Nachteile sind, dass der Aufwand hoch ist. So ist beispielsweise Skalierung nicht automatisch gegeben. Wird mit einer wachsenden Nutzerbasis gerechnet, muss man sich selbst um eine Erhöhung der Leistung kümmern. Auch kommen dabei weitere Aufgaben wie das Einrichten von z. B. Load Balancern, Monitoring und verteiltem Storage auf Sie zu.

▶ IaaS ist am leichtesten portierbar, da die angebotenen VMs die grundlegendsten IT-Bausteine sind. PaaS-Angebote unterscheiden sich mehr bei Cloud-Anbietern und sind somit auch schwerer portierbar. Dies erhöht das Risiko eines Vendor Lock-Ins. Beim Vendor Lock-In kann ein Kunde einen genutzten Service oder ein verwendetes Produkt nicht ohne erhöhten Aufwand durch eine gleichwertige Lösung eines anderen Anbieters austauschen. Das liegt meist an der Verwendung proprietärer Technologien, die inkompatibel mit denen von Wettbewerbern sind.

Komponenten

In diesem Abschnitt wird auf die Komponenten von IaaS tiefer eingegangen und es werden Beispiele erläutert. Wir erklären virtuelle Server, Arbeitsspeicher, Storage, Netzwerk und Betriebssystem. Natürlich gibt es noch viele weitere Komponenten und können beliebig erweitert werden. Wir möchten uns im Folgenden auf die wichtigsten fokussieren.

VM (virtuelle Maschinen/Server)

Eine virtuelle Maschine (VM) ist der grundlegende Baustein der Cloud und die Software-Repräsentation eines normalen Computers. Eine VM hat ihr eigenes Betriebssystem, auf dem Applikationen laufen können, mit Zugriff auf virtuelle

CPUs, Arbeitsspeicher, Daten und allem anderen, was ein physischer Computer auch besitzt.

Einfach ausgedrückt ist eine VM ein Computer in einem Computer. Früher hat man Betriebssystem und Software direkt auf einem Computer betrieben. Brauchte man ein weiteres Betriebssystem, war ein neuer Computer nötig. VMs heben diese Beschränkung auf. Mithilfe einer Software (genannt Hypervisor), die die Koordinierung zwischen den VMs und dem Computer übernimmt, können beliebig viele virtuelle Computer auf einem Computer laufen. Dieser virtuelle Computer weiß selbst nicht, dass er virtualisiert ist – aus Sicht des virtuellen Computers und des Betriebssystems sind alle Ressourcen für ihn „real".

Storage
Storage beschreibt Speicherlösungen zur permanenten Speicherung digitaler Daten in der IT. Sie benötigen neben der VM ebenfalls Speicherplatz für Ihre Daten. Ein Storage kann aus unterschiedlichen Technologien wie Festplatten, USB-Sticks oder vielem mehr bestehen. Es wird grundlegend zwischen drei Arten unterschieden, die im Folgenden erläutert werden.

Direct Attached Storage (DAS)
Dies bezeichnet eine einzelne Festplatte, die an den Server angeschlossen ist. Dies findet sich oft in der klassischen Infrastruktur wieder.

Network Attached Storage (NAS)
Ein NAS wird oft eingesetzt, um unabhängige Speicherkapazität in einem Rechnernetzwerk zur Verfügung zu stellen. Ein NAS ist also ein Festplattenspeicher mit Netzwerkanschluss und oft ein Verbund aus Festplatten. Ein NAS-System besteht aus mehreren redundanten Festplatten (RAID) zur Sicherung vor Ausfällen einer Festplatte und damit drohendem Datenverlust.

Storage Area Network (SAN)
Ein SAN bezeichnet ein ganzes Netzwerk zur Anbindung von Festplattensubsystemen. Es verbindet sozusagen mehrere Speichergeräte mit einem Dateiserver. Das Ziel ist auch die Zusammenfassung vieler einzelner Speichermedien zu wenigen großen Speichergeräten, die von allen Servern über das Speichernetz gemeinsam genutzt werden.

Netzwerkzugang
Um eine VM nutzen zu können, muss sich ein IT-Experte auf diese verbinden können und es sollte eine Absicherung gegen unbefugte Zugriffe eingerichtet

sein. Für den Zugang gibt es zahlreiche Möglichkeiten. Am bekanntesten sind SSH und VPN.

Secure Shell oder SSH bezeichnet ein Netzwerkprotokoll, mit dem ein IT-Experte verschlüsselt auf die VM zugreifen kann. Häufig wird diese Methode über eine Kommandozeile mithilfe eines Befehles sowie der Eingabe der Server-IP und des Usernamen genutzt. Nach Eingabe eines Passworts wird auf eine Konsole in der entfernten virtuellen Maschine Zugang gewährt. Neben der Verschlüsselung bietet SSH eine zuverlässige gegenseitige Authentifizierung über Zertifikate mit sicheren Schlüsselverfahren.

Ein weiteres Verfahren ist VPN (Virtual Private Network). Ein VPN kann nur von bestimmten Teilnehmern genutzt werden und verbindet diese physikalisch mit dem Internet. Die Kommunikation untereinander läuft über ein eigenes, speziell gesichertes VPN-Protokoll. Die Daten, welche die Teilnehmer untereinander austauschen, laufen verschlüsselt über einen virtuellen Tunnel, weshalb oft auch von einem VPN-Tunnel gesprochen wird.

Netzwerksicherheit und Monitoring

Natürlich bedarf die Verwendung einer VM auch einer sicheren Firewall. Eine Firewall ist ein System zur Sicherung, das eine VM vor unerwünschtem Zugriff über das Internet schützt. Als sozusagen digitaler Türsteher überwacht die Firewall alle ausgehenden und eingehenden Datenpakete. Durch vorher definierte Regeln werden Angreifer erkannt, sodass kein unbefugter Zugang zur VM möglich ist.

Neben der Firewall sollte ebenfalls eine Monitoring-Lösung vorhanden sein. Die Überwachung der Performance der VMs ist eine wichtige Aufgabe. Sie sollten jederzeit benachrichtigt werden, sobald einer Ihrer Services beeinträchtigt ist oder sogar ausfällt. Eine Monitoring-Lösung wie z. B. Icinga, Nagios und Shinken überwacht die Systeme kontinuierlich und sammelt Daten zur Verfügbarkeit und generiert Alarme bei Ausfällen.

Betriebssystem

Nach Anmietung der VM muss ebenfalls ein passendes Betriebssystem gewählt werden. Wir möchten im Folgenden einige ausgewählte und oft verwendete Betriebssysteme vorstellen. Diese sind CentOS, Ubuntu, Debian und Windows.

CentOS

CentOS steht für Community Enterprise Operating System und wird von RedHat entwickelt. Die Distribution wird von einer Reihe freiwilliger Entwickler gepflegt und ist Open Source. Der Vorteil ist, dass die Distribution kostenlos ist und sich an die kostenpflichtige Version Red Hat Enterprise Linux (RHEL) anlehnt.

Ubuntu

Ubuntu ist das am meisten verwendete System auf privaten Linux-PCs und basiert auf dem System von Debian. Der Name Ubuntu bedeutet „Menschlichkeit" und es wurde das Ziel verfolgt, ein einfach zu installierendes und leicht zu bedienendes System aufzubauen. Das System wurde 2004 auf den Markt gebracht und ist ebenfalls Open Source. Ubuntu verfügt über eine große Community und eignet sich in der Regel sehr gut für den Start mit Linux, da es auf Endanwender zugeschnitten ist und sich viele Tutorials finden.

Debian

Debian ist ebenfalls ein freies Open-Source-Betriebssystem und wird seit 1993 entwickelt. Es basiert auf Linux und erfreut sich neben Ubuntu ebenfalls großer Beliebtheit. Debian adressiert eher erfahrene Anwender, da sich weniger Oberflächen finden, die durch einfache Klicks zu bedienen sind.

Windows

Windows ist eines der bekanntesten Betriebssysteme und kann ebenfalls auf Servern verwendet werden. In der Regel eignet sich Windows als Betriebssystem, wenn auf bekannte Microsoft-Lösungen wie Office 365 zurückgegriffen werden soll. Auf einer VM installieren Sie Microsoft Windows Server, das seit dem Jahr 2000 erhältlich ist und mittlerweile die Version 2019 erreicht hat.

Fazit

IaaS ist typischerweise der Einstieg in die Cloud. Sie starten damit, sich einen virtuellen Server anzumieten, den Sie mit Netzwerkkomponenten sowie einer Firewall und auch einem Betriebssystem und Speicherlösungen versorgen. Nun liegt es an Ihnen, den Server einzurichten und an Ihre Bedürfnisse anzupassen.

4.2   Platform as a Service – PaaS

PaaS ist die mittlere Schicht der Cloud und liefert Elemente wie das Betriebssystem und die Laufzeitumgebung gleich mit. Der Entwickler muss sich somit nur noch um die Softwareentwicklung kümmern und die tieferen Verantwortlichkeiten wandern zu dem Cloud-Anbieter. Der Kerngedanke ist, dass PaaS ein Set aus Services ist, die das Entwickeln und Bereitstellen von Applikationen vereinfachen und effizienter machen sollen.

▶   Wird eine Anwendung neu in der Cloud entwickelt, ist in den meisten
    Fällen PaaS aufgrund der schnelleren Entwicklungszeiten und gerin-
    geren Kosten die beste Alternative.

Vor- und Nachteile

Der grundlegende Vorteil von PaaS-Lösungen ist, dass diese Tools typischerweise eine deutlich schnellere und wenige komplizierte Auslieferung der Software bieten und die mit dem Entwicklungsprozess assoziierte Komplexität stark
reduzieren.

Mit PaaS können Applikationen deutlich schneller entwickelt werden, als
wenn sich die Entwickler selbst um das Bauen, Konfigurieren und die Provisio-
nierung der eigenen Plattformen kümmern müssen.

Weiterhin stehen viele Funktionalitäten direkt zur Verfügung, wie beispielsweise Authentifizierung, Sicherheitsfeatures, Datenbankmanagementsystem, User-
verzeichnisse und Registrierung, Monitoring, Load Balancing und vieles mehr.

PaaS erlaubt Entwicklern auf einer einheitlichen Plattform zu entwickeln, testen, bereitstellen und operieren. Der Softwareentwicklungslebenszyklus wird so
vereinfacht und ist leichter zu verwalten.

Es gibt natürlich auch einige Nachteile. Unter anderem wird die Abhängigkeit
vom Cloud-Anbieter erhöht. Experten sprechen vom sogenannten Vendor Lock-In
(dt.: Schwierigkeit des Anbieterwechsels). Dies bedeutet, dass Komponenten nicht
einfach auf die PaaS-Lösung eines anderen Anbieters umgezogen werden können.

Aktuell ist der Markt im Bereich PaaS sehr schnelllebig, es werden schnell
neue Services geschaffen und oftmals auch eingestellt. Das gewählte Preismodell
(engl.: Pricing Model) kann sich deswegen durch diese hohe Volatilität jederzeit
ändern. In unserer persönlichen Projekterfahrung in den letzten Jahren haben
wir mehrmals Preisänderungen erlebt, die laufende Kosten in einem bestimmten
Bereich um ein Vielfaches erhöht haben, ohne dass Kunden darauf angemessen
reagieren konnten.

▶   Es lohnt sich ein Blick darauf, ob eine entsprechende Verfügbar-
    keit garantiert wird oder entsprechende Service Level Agreements
    (Wiederherstellung bei Ausfall) auf der Website des Anbieters aus-
    gewiesen sind.

Softwareentwicklung in der Cloud

Im Folgenden werden Grundsätze für die Softwareentwicklung in der Cloud
erläutert und die Konzepte um Microservices, Containern und Orchestrierung
vorgestellt.

Microservice

Eine moderne Form der IT-Architektur, von der heute oftmals gesprochen wird, sind Microservices. Microservices dienen eigentlich nur zur Modularisierung von Software. Jeder Microservice übernimmt eine kleine Aufgabe und diese Aufgabe wird in einem Container (siehe nächster Abschnitt) verpackt und kann mit den anderen Microservices über ein gemeinsames Netzwerk kommunizieren. Dadurch werden Applikationen modular und sind leichter zu entwickeln und skalieren unabhängig voneinander. Sie können damit komplexe Software in kleine Teile herunterbrechen und so leichter verstehen und erweitern.

Beispiel für Microservices

Sie wollen sich einen Tee zubereiten. Sie brechen diese Aufgaben in die Microservices Teebeutel bereitstellen, Wasser kochen, Wasser in Tasse füllen und Teebeutel in Tasse geben, herunter.

Container/Docker

Container erlangen in den letzten Jahren massiv an Popularität. Abb. 4.2 zeigt eine skalierbare Anwendung durch Container. Man kann sich einen Container als unsichtbare Box um die eigene Applikation und ihre Abhängigkeiten vorstellen. Die Box ist möglichst klein, denn sie beinhaltet nur das Nötigste, um die Applikation zuverlässig betreiben zu können. Gleichzeitig ist diese Box aber auch nicht von der aktuellen Umgebung abhängig, da sie alle Abhängigkeiten selbst mitbringt. Dies führt zu einem großen Vorteil von Containern: Sie laufen auf jeder

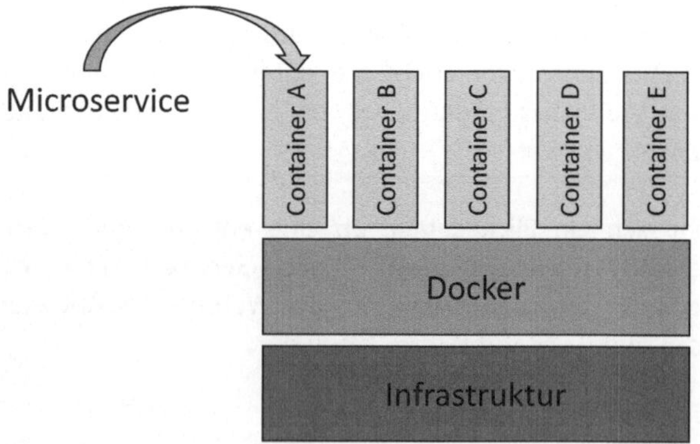

Abb. 4.2 Nutzung von Containern und Microservices

Umgebung. Das typische Entwicklerproblem „Bei mir funktioniert es aber" wird damit gelöst.

▶   Oftmals wird ein einzelner Microservice in einen Container gepackt.

Das bekannteste Beispiel für Container ist Docker. Docker ist eine Open-Source-Lösung zur Erstellung von Containern. Ein Image (aus diesem werden Container erstellt) kann von der Entwicklungsumgebung zur Testumgebung bis hin zur Produktion weitergegeben werden, auch wenn sich die Hardware unterscheidet. Damit verhält sich die Applikation in dem Container überall gleich. Gleichzeitig ist ein Container sehr leichtgewichtig. In einem Betriebssystem ist ein Prozess eine Instanz eines laufenden Programms. Durch die geringe Größe kann ein Container so schnell wie ein neuer Prozess starten. Das ist nur ein Bruchteil von der Startzeit eines Betriebssystems. Alles, was man braucht, um Container zu betreiben, ist ein Betriebssystem und eine Umgebung, um die Container zu betreiben.

▶   Benutzt man Container, entwickelt man eine Software auf seinem Laptop und hat die Gewissheit, dass diese auf jeder Cloud wie erwartet funktionieren wird, ohne etwas ändern zu müssen.

Da die Container so klein sind, ist es auch leichter, sie zu skalieren. Ist beispielsweise sehr viel Traffic auf einer Homepage, kann man einfach unter geringem Ressourcenverbrauch mehrere weitere identische Container starten und die Last verteilen.

Wie sieht ein Container konkret aus? Im folgenden Beispiel soll die Funktionsweise genauer erklärt werden. Zunächst ist der Begriff Image wichtig. Ein Image ist eine Blaupause für einen Container. Aus ihm werden die Container erschaffen. In der Regel wird das Image in einer zentralen Registry, einem Speicherort für verschiedene Images in unterschiedlichen Versionen, gespeichert und man kann es dort von allen Umgebungen aus nutzen. Aus dieser heraus können beliebig viele Container erstellt werden. Abb. 4.3 zeigt, wie man sich Images vorstellen kann.

Auf der untersten Ebene ist eine große Schicht (der sogenannten Kernel), auf der die Container laufen können. Diese Schicht stellt zum Beispiel Docker selbst bereit. Die Stapel rechts und links zeigen, wie Images in Container in Betrieb genommen werden. Im Internet gibt es eine Vielzahl an sogenannten Basis-Images. Diese dienen als Grundlage für die Erstellung von Containern. Beispielsweise kann dies eine Linux-Distribution sein, der ein Webserver oder eine Python-Anwendung hinzugefügt werden soll.

Abb. 4.3 Abbildung eines
Images

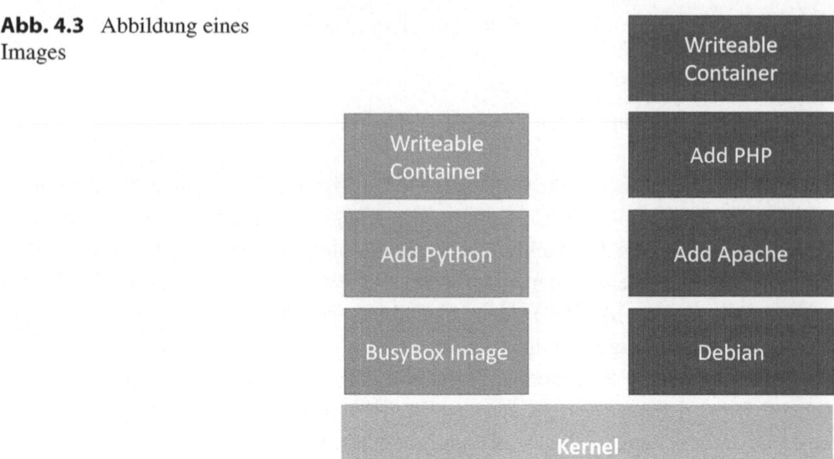

Bei dem rechten Stapel erkennt man das Base Image, in diesem Beispiel BusyBox. Diesem wird die Python-Laufzeitumgebung hinzugefügt, um daraus dann ein Container erstellen zu können. Im linken Fall sieht basiert das Image auf dem Betriebssystem Debian. Diesem fügt man zwei weitere Schichten „Apache" sowie „PHP" hinzu. Dies verdeutlicht ein zentrales Prinzip von Images: Es wird ein generalisiertes Basis-Image verwendet und man verändert es so, dass daraus ein neues spezialisiertes Image entsteht. Die Variation an Images kann beliebig durch das Hinzufügen oder Ändern von Schichten erweitert werden. Häufig wird beliebte Software auch direkt als Image bereitgestellt, sodass man selbst kaum noch Aufwand hat und alles Nötige direkt vorhanden ist, um seine Software lauffähig machen zu können.

Kubernetes
Die verschiedenen Container müssen mithilfe einer Software zur Orchestrierung verwaltet werden. Ein Beispiel für Docker ist Kubernetes, das wir im Folgenden näher beschreiben wollen.

▶   Eine Software zur Orchestrierung aktiviert wie ein Dirigent im Orchester die verschiedenen Container und startet bzw. beendet diese. Am bereits genannten Beispiel der Zubereitung eines Tees würden Sie die Microservices in dieser Reihenfolge sequentiell starten: Teebeutel bereitstellen, Wasser kochen, Wasser in Tasse füllen und Teebeutel in Tasse geben.

Als Google-Projekt aus dem Jahr 2014 wurde Kubernetes nach über 15 Jahren Forschung als Open-Source-Projekt zur Verfügung gestellt. Die portable und unendlich erweiterbare Plattform dient zur Verwaltung von Services, die in Containern ausgeliefert werden. Diese lassen sich somit nicht nur besser einrichten und betreiben, sondern auch erheblich leichter skalieren. Damit werden nicht nur die Automatisierung, sondern auch Konfigurationen enorm vereinfacht. Als Anwender kann man den gewünschten Zustand seiner Applikation beschreiben. Kubernetes kümmert sich um die Aktivierung der Services in der richtigen Version zur richtigen Zeit. Die kleinste Einheit in Kubernetes ist ein Pod. Einen Pod kann man sich als einen laufenden Prozess in einem Server vorstellen. Meist enthält ein Pod nur einen Container, kann jedoch auch mehrere Container beinhalten, die logisch nah beieinander liegen. In einem Pod teilen sich die Container zum Beispiel gemeinsamen Festplattenspeicher. Jeder Pod hat eine einzigartige IP-Adresse und ein Set an bereitgestellten Netzwerkports. Innerhalb eines Pods können Container über die gemeinsame Umgebung kommunizieren und sind damit unabhängig davon, in welcher eigentlichen Umgebung sie liegen.

Die Stärke von Kubernetes liegt in der extremen Skalierung. Steigt die Useranzahl, kann beispielsweise einfach die Anzahl der Pods erhöht werden. Dies ist sogar automatisiert möglich. Deployments ohne Ausfallzeit können automatisch von Kubernetes durchgeführt werden, indem es ein Pod herunterfährt und während des Updates den Traffic automatisch zu den verbleibenden aktiven Pods umleitet. Nach und nach werden damit die Pods auf eine neue Version gebracht. Abb. 4.4 fasst die Konzepte zusammen.

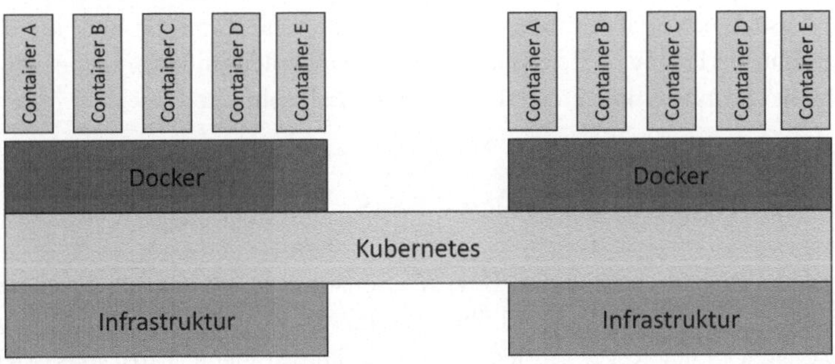

Abb. 4.4   Kubernetes und Docker-Container

Migration einer bestehenden monolithischen Anwendung

Oftmals wollen Sie auch eine bestehende Anwendung in die Cloud auslagern bzw. migrieren (dt.: übertragen; in eine neue Form bringen). Speziell in die Jahre gekommene Software wurde aufgrund des damaligen Kenntnisstandes monolithisch aufgebaut. Monolithische Software beschreibt die komplette Zusammenfassung aller Teilkomponenten einer Software in ein ausführbares Paket. Für diese Anwendungen lohnt sich ein direkter Umstieg auf PaaS-Lösungen wie Kubernetes nicht. Möchte man den Vorteil von PaaS nutzen, so muss der Fokus zuerst auf der Auftrennung dieser Komponenten in einzeln ausführbare Teile liegen. Diese Auftrennung kann nach und nach realisiert werden. Dabei wird parallel der Monolith betrieben und um einzelne Komponenten erleichtert, die in eigene Microservices ausgelagert werden. Somit wird der Monolith nach und nach in kleinere Teile aufgeteilt, sodass zum Schluss alle Vorteile von PaaS-Lösungen genutzt werden können.

Fazit

PaaS ermöglicht es, Entwicklungszeiten deutlich zu beschleunigen und Komplexitäten im Bereich Serverbetrieb und Skalierung zu reduzieren. Grundlegend wird PaaS insbesondere bei der Entwicklung von Applikationen eingesetzt. Will man für eine monolithische Anwendung PaaS-Lösungen nutzen, sollten diese zuerst in kleine Microservices unterteilt werden.

Kritisch sollten besonders der Vendor Lock-In und die Datensicherheit betrachtet werden. Sofern bereits Erfahrung in der Cloud besteht und die Applikation neu entwickelt wird, ist das PaaS-Entwicklungsmodell aufgrund der niedrigen Kosten und der schnellen Entwicklung in den meisten Fällen zu bevorzugen. Ausnahmen sind Anforderungen, die eine hohe Kontrolle über die eigene Infrastruktur verlangen. Dies kann bei hohen Sicherheitsanforderungen wie zum Beispiel bei Software im Bereich Finanzen der Fall sein.

4.3   Software as a Service – SaaS

SaaS ist die Abkürzung für den Begriff „Software as a Service". Es bietet die Möglichkeit, Anwendungen direkt über das Internet bzw. den Browser aus zu nutzen. Das geht in der Regel mit jedem internetfähigen Gerät. Dazu muss sich ein Nutzer lediglich mit seinen Anmeldedaten in der Webanwendung einloggen.

Das Installieren auf dem eigenen PC entfällt durch den Erwerb von Lizenzen, meist in Form von Abonnements, zur Nutzung über den Webbrowser. Sie sparen ebenfalls Erweiterungen für Ihre eigene Hardware, falls die Software in Zukunft mehr Rechenleistung benötigt. Auch die Datensicherung und das Einspielen von aktuellen Updates entfällt für den Anwender der SaaS-Software und wird vom Cloud-Anbieter übernommen.

▶   SaaS lohnt sich, falls Sie keine IT-Kenntnisse oder Aufwand in die Software stecken wollen. Der Service soll „einfach funktionieren".

Anwendungsfälle und Preismodelle
SaaS gibt es bereits in vielen Bereichen. Dazu gehören beispielsweise:

- E-Mail
- Office- und Schreibprogramme
- Customer Relationship Management
- Gehaltsabrechnung
- Verkaufs-, Personal- und Finanzmanagement
- Content Management
- Software zur Kollaboration an Dokumenten

Für die Nutzung von SaaS zahlen Unternehmen in der Regel eine monatliche oder jährliche Gebühr. Gern wird auch anhand der Nutzung, jedoch meist anhand der Anzahl der Nutzer abgerechnet. Beispielsweise verlangen Projektmanagementtools oft eine Gebühr von 3–10 EUR pro Nutzer und Rechnungsprogramme eine geringe Gebühr pro Rechnung.

▶   Gerade für Wachstumsphasen bietet sich SaaS-Software an. Die einzelnen Services sind unabhängig voneinander einsetzbar und können bei Bedarf erweitert oder auch wieder ausgetauscht werden. Im Fazit ist die Anpassung an neue Anforderungen oftmals einfach und kostengünstig.

Vor- und Nachteile
Die Vorteile sind eine einfache und flexible Verwaltung sowie mobiles Arbeiten. Sie haben immer aktuelle Updates und transparente Preise.

Die Nachteile sind, dass die Lizenzierung bei mehreren Nutzern ziemlich teuer werden kann. Auch geben Sie Daten an den SaaS-Anbieter ab, die oftmals auf US-Servern liegen. Dies kann im Sinne der DSGVO und auch bei Betriebsprüfungen ein Problem werden. Letztlich ist zu sagen, dass keine abschließende Rechtssicherheit beim Einsatz von bspw. Office 365 im Einzelfall gewährleistet werden kann.

▶	Die Vorteile von SaaS sind die einfache und günstige Nutzung von Services über das Internet. Die Nachteile sind die Abtretung von Daten sowie die Gefahr durch die Abhängigkeit von Cloud-Anbietern.

Kommerzielle Software

Um ein besseres Verständnis zu schaffen, wollen wir im Folgenden zwei relevante SaaS-Anwendungen gegenüberstellen: zum einen Office 365 von Microsoft und im nächsten Abschnitt ownCloud in Kombination mit weiteren Produkten als Open-Source-Alternative.

Microsoft Office 365 kombiniert verschiedene Online-Services mit der klassischen Desktop-Office-Software. Office 365 ist in unterschiedlichem Leistungsumfang verfügbar. Die Webanwendungen sind per Browser über das Internet von Computern mit beliebigen Betriebssystemen nutzbar. Es beinhaltet im Kern Anwendungen wie:

- Schreibprogramm (Word),
- Tabellen (Excel),
- Präsentationen (PowerPoint),
- Notizen (OneNote),
- Videokonferenz (Skype),
- E-Mail (Outlook) und
- Filesharing (OneDrive).

Dies sind die Kernbestandteile, die durch weitere Services wie Sharepoint und vieles mehr erweitert werden können. Die Abb. 4.5 zeigt die Nutzung von Office Word im Browser.

Open-Source-Software

Für nahezu jede Aufgabe gibt es freie, sogenannte Open-Source-Software, die sich oft nicht hinter kommerziellen Anwendungen verstecken muss. Eine Open-Source-Software ist eine Software, deren Quellcode frei verfügbar über das Internet heruntergeladen und im Rahmen von Open-Source-Lizenzmodellen unentgeltlich genutzt werden kann. Durch die Veröffentlichung des Quellcodes kann der Nutzer nachvollziehen, dass Daten nicht ohne seine Genehmigung verwendet werden.

Auch für Office 365 gibt es eine sichere Alternative. Die verschiedenen Services könnten auf Basis einer ownCloud ebenfalls als SaaS-Variante bezogen werden. Durch On-Premise-Installation und eine Vielzahl an Administrations- und Sicherheitsfeatures erhalten Unternehmer die volle Kontrolle über ihre Daten

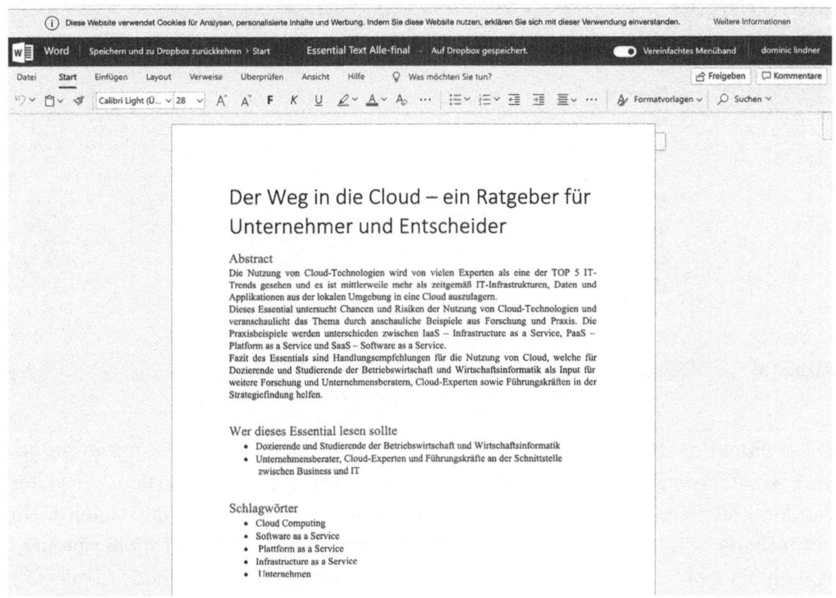

Abb. 4.5 Word in der Browserversion

und sind konform zur DSGVO. Abb. 4.6 zeigt die Browserversion der ownCloud. Um vollständige Sicherheit im Betrieb zu gewährleisten, kann der Enterprise Support hinzugebucht werden. Dies ist in der Regel bei jeder Open-Source-Software möglich und oft sinnvoll.

Analog zu den weiteren Funktionen von Office 365 können weitere Open-Source-Versionen bezogen werden, die mit ownCloud funktionieren und sich integrieren lassen. Eine solche Vereinigung nennt sich Stack. Ein Stack beschreibt Technologien, welche in Kombination zusammenarbeiten können, um eine spezialisierte Plattform für bestimmte Anwendungen zu bilden. Die Komponenten eines solchen Stacks könnten sein:

- Schreibprogramm, Tabellen und Präsentationen (Collabora oder OpenOffice),
- Notizen (Joplin),
- Meetinglösungen (Kopano),
- E-Mail (Open XChange) und
- Filesharing (ownCloud).

Abb. 4.6   ownCloud in der Browserversion

Diese Funktionen können flexibel als SaaS- oder auch PaaS-Lösung aufgesetzt und in die bestehende Open-Source-Infrastruktur integriert werden. Erweitert werden könnte es z. B. mit der Userverwaltung von Univention und vielen mehr. Somit haben Sie eine hohe Flexibilität, Datensicherheit und sind nicht abhängig von einem Anbieter. ownCloud bietet mit ownCloud.online eine SaaS-Lösung für die Nutzung der Kollaborationssoftware an.

Fazit
Die SaaS-Software wird in der Regel über das Internet bereitgestellt. So können Unternehmen von beliebigen Geräten und Standorten auf die Software zugreifen. Es sind keine IT-Kenntnisse notwendig und das Unternehmen spart Aufwand. Nachteile sind die mangelnde Anpassbarkeit, weshalb sich SaaS bei Standardanwendungen lohnt. Abb. 4.7 fasst die drei Modelle zusammen.

4.4   Hybrid-Cloud

Der Begriff der Hybrid-Cloud bezieht sich auf eine gemischte Services-Umgebung, die aus Private-Cloud-Services und Public-Cloud-Services besteht. Dieses Kapitel beschäftigt sich damit, wie Sie drei Modelle IaaS, PaaS und SaaS verwenden können. Die Hybrid-Cloud vereint damit die Vorteile beider Cloud-Arten. Diese sind:

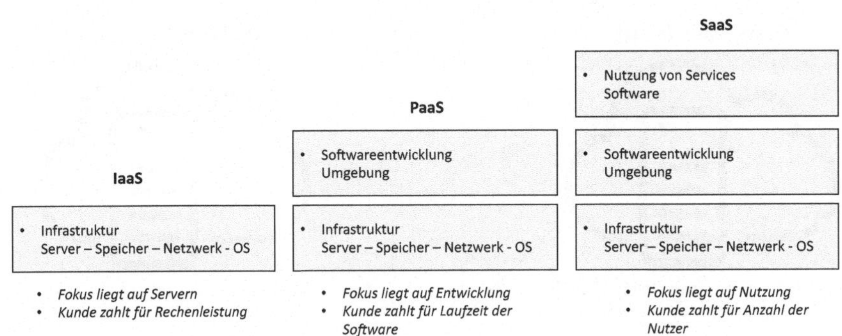

Abb. 4.7 Zusammenfassung der drei Modelle

Private Cloud (Eigene Server):

- Fokus auf Sicherheit
- volle Möglichkeit der Anpassung
- eigene Kontrolle

Public Cloud (Server eines Anbieters):

- geringe Kosten
- Möglichkeit der flexiblen Abrechnung
- hohe Skalierbarkeit

▶ Die Hybrid-Cloud vereint eigene SaaS-, PaaS- oder IaaS-Dienste mit öffentlichen Diensten von Anbietern.

Es wird vor allem mittleren und großen Unternehmen empfohlen, aufgrund geringerer Kosten und der hohen Skalierbarkeit beide Cloud-Arten zu kombinieren. Beispielsweise speichern Sie einerseits unternehmenskritische Dateien in der eigenen privaten Cloud durch die Anschaffung eigener Hardware. Da eine Private Cloud durch die Anschaffung von Hardware teuer und nicht unbedingt flexibel skalierbar ist, verwenden Sie andererseits eine Public Cloud wie Amazon oder Google für weniger kritische Daten und Anwendungen. Abb. 4.8 zeigt die Umsetzung einer Hybrid-Cloud auf.

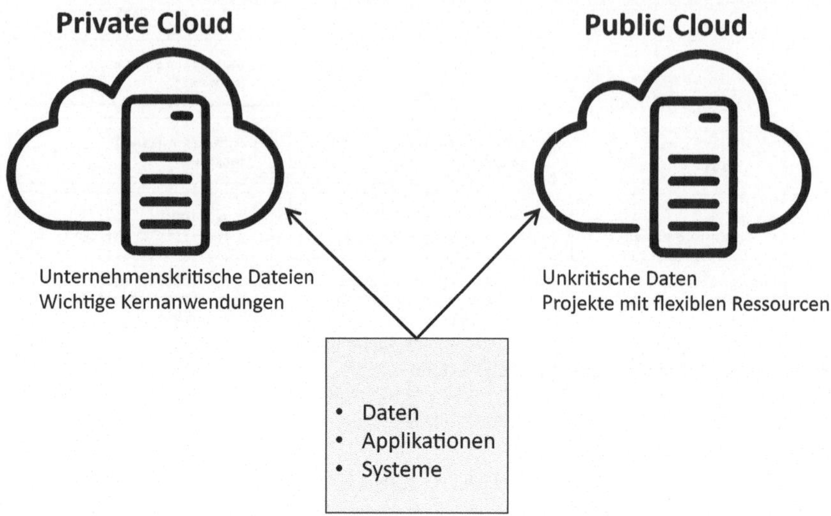

Abb. 4.8 Zusammenspiel in der Hybrid-Cloud

Private Cloud

Stellen Sie sich ein beliebiges Unternehmen vor, das über geheime Strategie- und kundenspezifische Daten verfügt. Diese werden durch die Anschaffung von eigenen Servern in einer internen Cloud gespeichert, z. B. mit der kostenlosen Open-Source-Lösung ownCloud. Diese eigene Cloud kann selbst angepasst und verschlüsselt werden. Somit kann sichergestellt werden, dass kein Anbieter diese Daten missbrauchen kann.

Public Cloud

Um weniger kritische Daten im Unternehmen zu speichern und wechselnde Projektaufwände kostengünstig und schnell abzubilden, kann eine Public Cloud wie Google oder Amazon verwendet werden. Dort kann ein ähnlicher Datenspeicherservice gebucht oder auf einem Server eingerichtet werden.

Die Public Cloud ist damit „öffentlich" zugänglich und wird im Rahmen dessen zumeist durch einen externen Dienstleister verwaltet. Dadurch muss in der Regel keine zusätzliche Hardware erworben werden, sodass Kosten nur nach tatsächlicher Nutzung der Serviceaufwendungen oder auf Basis eines vorab vereinbarten Tarifmodells entstehen. Diese Charakteristiken machen die Public Cloud in Ihrer Verwendung nicht nur kostengünstig, sondern auch äußerst flexibel.

Zusammenspiel in der Hybrid-Cloud

Auf den eigenen Servern lassen sich Anforderungen an die IT-Infrastruktur meist nur aufwendig und kostenintensiv umsetzen. Die Hybrid-Cloud bietet hingegen im direkten Vergleich und dank ihrer öffentlichen Anteile eine viel günstigere Alternative, die sich zudem auch noch leichter realisieren sowie skalieren lässt und darüber hinaus auch kurzfristige Anforderungen innerhalb der Ressourcenverwaltung problemlos erfüllt.

In Abb. 4.9 sehen Sie, dass eigene Ressourcen auf Servern fest definiert sind und in Leerlaufzeiten nicht genutzt werden. Kurzfristige Anstiege können aber kaum in ausreichender Geschwindigkeit realisiert werden. Dies führt zu Unzufriedenheit des Kunden.

Zum besseren Verständnis zeigen wir im Folgenden drei Beispiele für die Realisierung einer Hybrid-Cloud im Unternehmen.

Beispiel 1: Filesharing

Im ersten Beispiel verwenden wir verschiedene Filesharing (Datenspeicher- und -austausch)-Lösungen zur Speicherung von Daten. Abb. 4.10 zeigt eine Ordnerstruktur. Während kritische Kundendaten und interne Projekte automatisch in der Private Cloud gesichert werden, sind unkritische Testumgebungen und öffentliche Flyer direkt in der Public Cloud. Die Trennung erfolgt durch die Ordnerstruktur und die Mitarbeiter müssen einfach und sicher die Daten im richtigen Ordner speichern. Dazu haben Sie eine eigene Datenspeicherlösung wie bspw. ownCloud auf firmeninternen Servern installiert und nutzen gleichzeitig eine öffentliche SaaS-Lösung wie z. B. Dropbox.

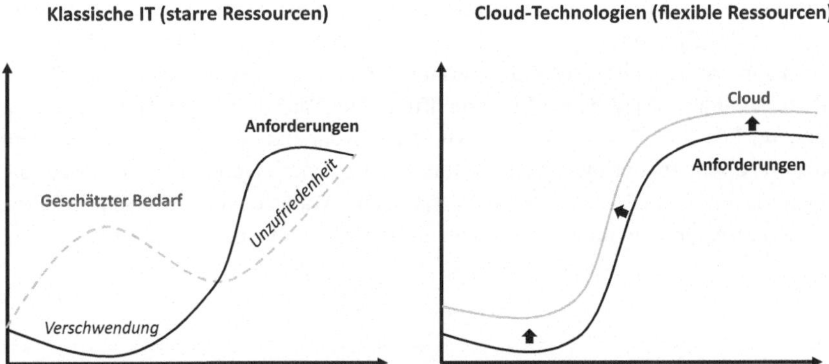

Abb. 4.9 Unterschied der Ressourcennutzung von Cloud-Lösungen

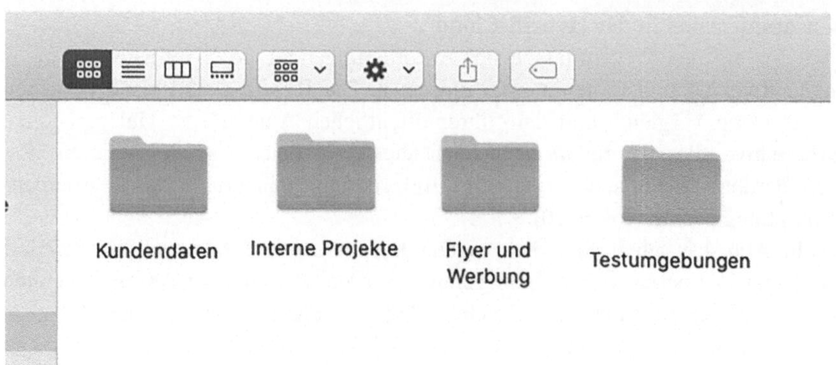

Abb. 4.10 Ordnerstruktur einer Hybrid-Cloud-Filesharing-Lösung

Beispiel 2: Softwarenutzung

Ein weiteres Beispiel für den Einsatz einer Hybrid-Cloud ist die Nutzung von Leistungen für die Abbildung der internen Software. In einer Private Cloud werden datenschutzkritische Anwendungen wie das Enterprise-Ressource-Planning-Tool auf eigenen Servern betrieben. Weniger kritische Daten, die etwa auch von Mitarbeitern im Außendienst genutzt werden, werden in der kostengünstigeren Public Cloud als SaaS betrieben.

Beispiel 3: Softwareentwicklung

Ein weiteres Anwendungsbeispiel ist die Verwendung von Entwicklungsleistungen aus der Cloud. Stellen Sie sich eine App vor, welche die Fotos Ihrer Kunden durch eine Uploadfunktion komprimieren kann. Diese werden im Account des Kunden gespeichert. Nun wäre es denkbar, dass Sie die aufwendige und kaum berechenbare Komprimierung der Bilder verschlüsselt in der Public Cloud abbilden. Dazu haben Sie eine öffentliche PaaS-Lösung z. B. bei Amazon gebucht. Die Speicherung und der Abruf der Kundendaten, damit das Foto dem Nutzeraccount zugeordnet werden kann, kann auf der eigenen Private Cloud, die ebenfalls eine PaaS-Lösung-enthält, erfolgen. Mithilfe von API-Schnittstellen können Softwareentwickler eine solche hybride Datenhaltung einfach realisieren.

4.5 Fazit

Sie merken, dass es grob drei Wege in die Cloud gibt. Es wird empfohlen, die Vorteile aller drei Möglichkeiten durch eine Mischung aus Public und Private Clouds zu verbinden.

Die Hybrid-Cloud ist kein direktes Produkt, sondern ein Konzept. Es muss wie alle Technologien an die Anwendungsfälle in Ihren Unternehmen angepasst werden. Dazu müssen Sie zwischen kritischen und weniger kritischen Daten unterscheiden.

Nichtsdestotrotz bietet die Hybrid Cloud insbesondere im Hinblick auf die zu erfüllenden Anforderungen innerhalb der Infrastruktur der IT eine Erfolg versprechende Alternative zu teuren und schwer realisierbaren Eigenmaßnahmen wie beispielsweise die der On-Premise-Architektur. Darüber hinaus bietet die Hybrid Cloud dank ihrer öffentlichen Bereiche nicht nur die Möglichkeit, auch kurzfristige Ressourcenprobleme zu lösen, sondern auch eine gute Skalierbarkeit.

Empfehlungen für Entscheider und Unternehmer 5

In diesem *essential* haben wir uns mit dem Thema Cloud und möglichen Wegen in die Cloud beschäftigt. Der Begriff Cloud (dt.: Wolke) beschreibt die Nutzung von abstrahierten IT-Ressourcen über das Internet. Zahlreiche IT-Experten sehen die Cloud als einen der TOP 5 IT-Trends und prophezeien ein außerordentliches Wachstum für Cloud-Anbieter. Eine Befragung von über 500 deutschen Unternehmen zeigt, dass bereits über 70 % Cloud-Anwendungen nutzen und damit interne Prozesse optimiert und Umsätze gesteigert werden konnten. Unternehmen erhoffen sich durch die Nutzung von Cloudlösungen eine Steigerung von Umsätzen und eine einfache Skalierung ihrer IT. Risiken sind vorwiegend der Datenschutz sowie die Kosten.

Nun möchten wir dieses *essential* damit abschließen, dass wir Ihnen die Hinweise und Inhalte als einen Leitfaden für den Weg in die Cloud zusammenfassen. Ein Leitfaden ist definiert als eine kurz gefasste Darstellung zur Einführung in ein Wissensgebiet (Duden).

▶ Bevor Sie mit der Cloud starten, sollten Sie sich überlegen, welches Modell zu Ihren Anforderungen am besten passt: IaaS, PaaS oder SaaS.

IaaS stellt die am wenigsten abstrahierte Schicht dar und beschreibt ein virtuelles Rechenzentrum mit Rechenleistung, Speicher und Netzwerken. Vorteile sind die hohe Flexibilität und einfache Migration bestehender Applikationen, die auf virtuellen Maschinen laufen.

PaaS stellt die mittlere Schicht dar. Hier ist weniger der IT-Administrator gefragt als der Softwareentwickler. Es ermöglicht dem Softwareentwickler, auf der angebotenen Infrastruktur mittels Schnittstellen eigene Programme schneller

© Springer Fachmedien Wiesbaden GmbH, ein Teil von Springer Nature 2020
D. Lindner et al., *Der Weg in die Cloud*, essentials,
https://doi.org/10.1007/978-3-658-29101-3_5

zu entwickeln und auszuführen. Ebenso stellt einen großen Vorteil die einfache Skalierbarkeit dar.

SaaS stellt die letzte Schicht dar und ist ein Geschäftsmodell, bei dem ein Kunde die Funktionen einer Software gegen eine Gebühr zur Verfügung gestellt bekommt. Er zahlt also für die Dienstleistung statt für die Software.

▶ **Wenn Sie sich auf das Modell festgelegt haben, sollten Sie die Art der Cloud festlegen: Public oder Private Cloud?**

Die Public Cloud oder öffentliche Cloud ist ein Angebot eines frei zugänglichen Anbieters, der seine Dienste offen über das Internet für jedermann zugänglich macht. Ein Unternehmen kann auf die Anschaffung von eigener Hard- und Software verzichten und muss sich nicht um die Verwaltung der IT kümmern. Somit ist diese Cloud flexibel skalierbar, jedoch gibt es Bedenken beim Datenschutz durch die Abhängigkeit vom Anbieter.

Demgegenüber steht die Private Cloud, denn gerade in Zeiten, in denen der Datenschutz und die IT-Sicherheit immer mehr an Bedeutung und allgemeinem Interesse gewinnen, setzen viele Unternehmen lieber auf eine firmeninterne Verwaltung und Zugänglichkeit ihrer IT-Dienste. Häufig geschieht dies im Zusammenhang mit Cloud-typischen Mehrwerten. Diese werden dabei vom Endnutzer über den Webbrowser in Form von wartungs- und installationsfreien IT-Anwendungen sowie einer skalierbaren IT-Infrastruktur genutzt. Dadurch kristallisiert sich schließlich die Nutzung einer Private Cloud heraus. Diese kann letztendlich aber nur selten den erwarteten Mehrwerten innerhalb der IT-Infrastruktur gerecht werden.

▶ **Die Wahrheit liegt oft in der Mitte: der Hybrid-Cloud!**

In der Realität kommt es jedoch häufig zu einer Vermischung dieser beiden Ansätze, der sogenannten Hybrid-Cloud. Diese führt besondere Charakteristiken beider Formen zusammen, indem Anwendungen, die unter Datenschutzkriterien liegen, intern im Unternehmen gehalten werden, während weniger streng zu schützende Anwendungen öffentlich im Internet durch externe Dienstleister verwaltet werden.

Die strikte Trennung der Daten stellt die eigentliche Herausforderung der Hybrid-Cloud dar. Hierbei muss insbesondere auf eine strukturierte und konsequente Separierung von kritischen und unkritischen Unternehmensdaten, Geschäftsprozessen und Arbeitsabläufen geachtet werden.

Wir hoffen, dass wir Ihnen mit diesem *essential* einen Einblick in das Thema Cloud geben konnten und Sie den kompakten Leitfaden für sich im Unternehmen nutzen können. Für uns war der Anfang alles andere als leicht und wir wussten, dass die hohe Komplexität und Unbekanntheit der Cloud-Lösungen ein schwieriges Projekt darstellen. Jetzt nach 5 Jahren können wir sagen, dass die Cloud mittlerweile aus unserem Berufsleben vor allem für eine agile und moderne Arbeit kaum noch wegzudenken ist. Mithilfe von Cloud-Technologien arbeiten beispielsweise bei ownCloud virtuelle Teams mit Kunden weltweit zusammen. Mittlerweile helfen wir täglich Unternehmen auf der ganzen Welt, den Weg in die Cloud zu finden. Wir möchten Ihnen mit diesem Buch einen ersten Leitfaden geben und wünschen Ihnen viel Erfolg!

Was sie aus diesem *essential* mitnehmen können

- Der Begriff Cloud beinhaltet das Zusammenspiel von mehreren Servern über das Internet. Alle Server teilen sich Aufgaben untereinander auf. Fällt ein Server aus, dann übernimmt ein anderer Server.
- IaaS ist ein virtuelles Rechenzentrum mit Rechenleistung, Speicher und Netzwerken. Vorteile sind die hohe Flexibilität und einfache Migration bestehender virtueller Maschinen.
- PaaS bietet eine flexibel erweiterbare Plattform für Softwareentwickler, um Anwendungen an jedem Ort und zu jeder Zeit zu entwickeln und auszuführen.
- SaaS sind browserbasierte Softwareanwendungen, die oftmals kostengünstig sind und ohne IT-Kenntnisse von jedem Ort und zu jeder Zeit verwendet werden können.
- Eine Public Cloud kann besonders schnell bedarfsgerecht eingerichtet und genutzt werden. Allerdings ist eine vollumfängliche Transparenz über Datenschutz und IT-Sicherheit nur bei einer eigenen Private Cloud möglich.
- Die Hybrid-Cloud stellt eine ideale Lösung dar, wenn die IT-Infrastruktur auf der einen Seite sicher und auf der anderen Seite flexibel skalierbar sein soll.

© Springer Fachmedien Wiesbaden GmbH, ein Teil von Springer Nature 2020
D. Lindner et al., *Der Weg in die Cloud*, essentials,
https://doi.org/10.1007/978-3-658-29101-3

Literatur

Bitkom (2019) Cloud monitor 2019. https://www.bitkom.org/sites/default/files/2019-06/bit-kom_kpmg_pk_charts_cloud_monitor_18_06_2019.pdf. Zugegriffen: 4. Aug. 2019

Gartner (2019) Umsatz Cloud Computing nach Segment. https://de.statista.com/statistik/daten/studie/284706/umfrage/prognose-zum-umsatz-mit-cloud-computing-weltweit-nach-segment/. Zugegriffen: 4. Aug. 2019

Hentschel R, Leyh C (2016) Cloud Computing: Gestern, heute, morgen. HMD – Praxis der Wirtschaftsinformatik 53(5): 563–579. https://doi.org/10.1365/s40702-016-0254-5

Lindner D (2019) KMU im digitalen Wandel: Ergebnisse empirischer Studien. Springer Gabler, Wiesbaden

Lindner D, Leyh C (2019) Digitalisierung von KMU – Fragestellungen, Handlungs-empfehlungen sowie Implikationen für IT-Organisation und IT-Servicemanagement. HMD – Praxis der Wirtschaftsinformatik 56(2):402–418

Liu Z, Uzunidis D (2016) Globalization of R&D, accumulation of knowledge and network innovation: the evolution of the firm's boundaries. J Knowl Econ. https://doi.org/10.1007/s13132-016-0381-9

Niebler P, Lindner D (2019) Datenbasiert entscheiden – ein Handbuch für Unternehmer und Entscheider. Springer Gabler, Wiesbaden

NIST (2019) The NIST definition of cloud computing. https://nvlpubs.nist.gov/nistpubs/Legacy/SP/nistspecialpublication800-145.pdf. Zugegriffen: 4. Aug. 2019

Ooi K-B, Lee V-H, Tan GW-H, Hew T-S, Hew J-J (2018) Cloud computing in manufacturing: the next industrial revolution in Malaysia? Expert Syst Appl 93: 376–394. https://doi.org/https://doi.org/10.1016/j.eswa.2017.10.009

Priyadarshinee P, Raut RD, Jha MK, Kamble SS (2017) A cloud computing adoption in Indian SMEs: scale development and validation approach. J High Technol Manag Res 28(2): 221–245. https://doi.org/https://doi.org/10.1016/j.hitech.2017.10.010

Yu Y, Li M, Li X, Zhao JL, Zhao D (2018) Effects of entrepreneurship and IT fashion on SMEs' transformation toward cloud service through mediation of trust. Inf Manag 55(2): 245–257. https://doi.org/https://doi.org/10.1016/j.im.2017.07.001

© Springer Fachmedien Wiesbaden GmbH, ein Teil von Springer Nature 2020   49
D. Lindner et al., *Der Weg in die Cloud,* essentials,
https://doi.org/10.1007/978-3-658-29101-3

Weitere Lesetipps

Adelmeyer M, Petrick C, Teuteberg F (2018) IT-Risikomanagement von Cloud-Services in Kritischen Infrastrukturen. Springer Vieweg, Berlin

Berlet U (2018) Cloud Computing KMU: Grundlagen, Anwendungen, Tipps und Tricks. Tredition, Hamburg

Münzl G, Pauly M, Reti M (2015) Cloud Computing als neue Herausforderung für Management und IT. Springer Vieweg, Berlin

Reinheimer S (2018) Cloud Computing – Die Infrastruktur der Digitalisierung. Springer Vieweg, Berlin